AF603060

CATALOGUE

DES

PEINTURES DÉCORATIVES

TABLEAUX ANCIENS ET MODERNES

AQUARELLES, DESSINS, GRAVURES

OBJETS D'ART ET D'AMEUBLEMENT

Anciens et de Style

CÉRAMIQUE, OBJETS VARIÉS, LIVRES

ARGENTERIE — BIJOUX

PENDULES ET BRONZES

Deux Bibliothèques Louis XVI

SIÈGES ET MEUBLES, PIANOS

TAPISSERIES DU XVIIe SIÈCLE

TAPISSERIES MODERNES

Le tout dépendant de la Succession de Mme Ve H. BRAQUENIÉ

ET DONT LA VENTE AURA LIEU A PARIS

HOTEL DROUOT, SALLE N° 1

Les Lundi 15, Mardi 16 Décembre 1902 et jours suivants

à deux heures

COMMISSAIRES-PRISEURS

Me PAUL CHEVALLIER	**Me LUCIEN VÉRON**
10, rue Grange-Batelière	7, rue du Quatre-Septembre

EXPERTS

MM. MANNHEIM	**MM. PAULME et LASQUIN FILS**
7, rue Saint-Georges	10, rue Chauchat 12, rue Laffitte

EXPOSITION PUBLIQUE, SALLES Nos 1 et 2

Le Dimanche 14 Décembre 1902, de 1 heure 1/2 à 5 heures 1/2

CONDITIONS DE LA VENTE

Elle sera faite au comptant.

Les acquéreurs paieront *dix pour cent* en sus des prix d'adjudication.

L'exposition mettant le public à même de se rendre compte de l'état et de la nature des objets, il ne sera admis aucune réclamation une fois l'adjudication prononcée.

Paris. — Imp. de l'Art, E. Moreau et Cie, 41, rue de la Victoire.

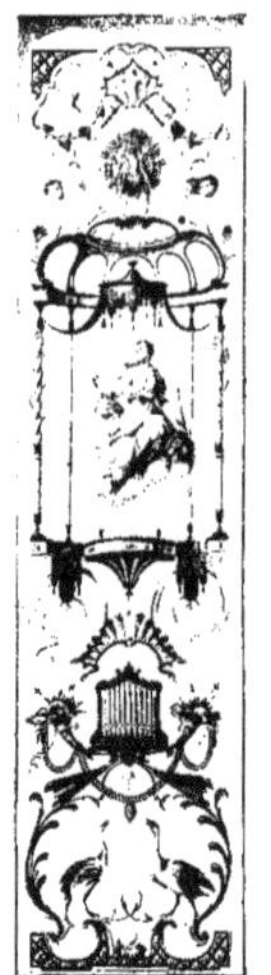
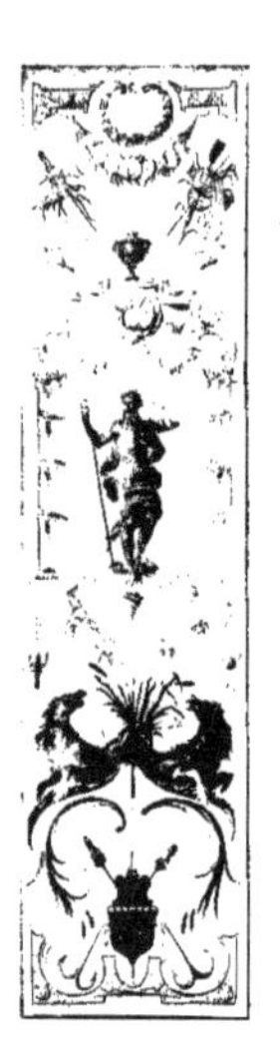
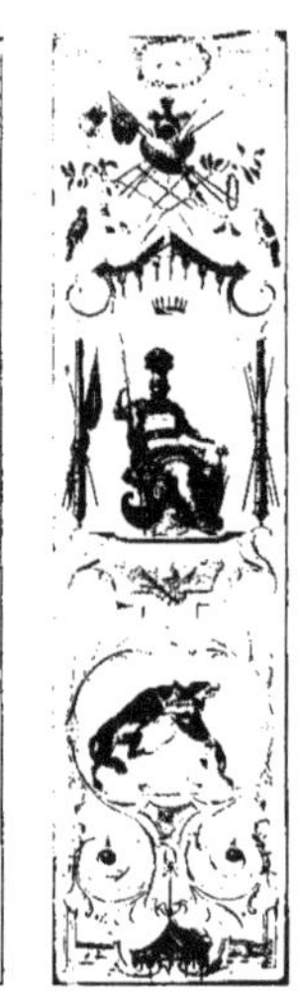
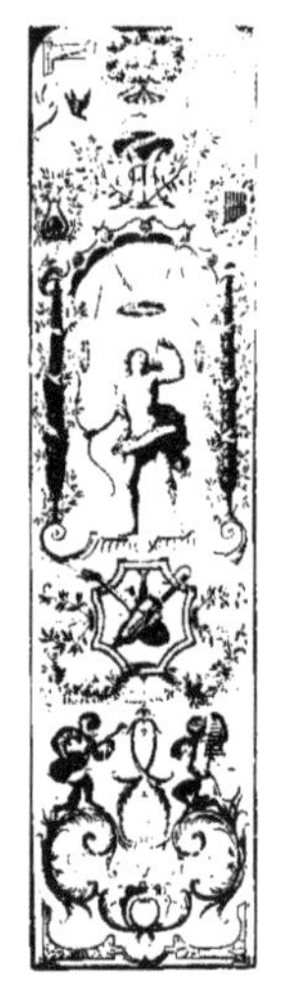
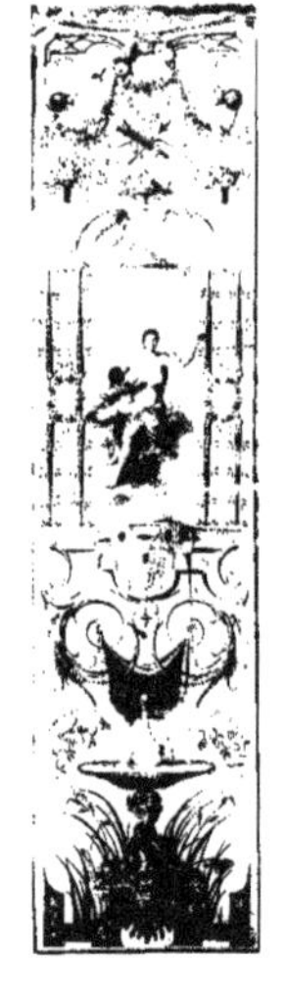
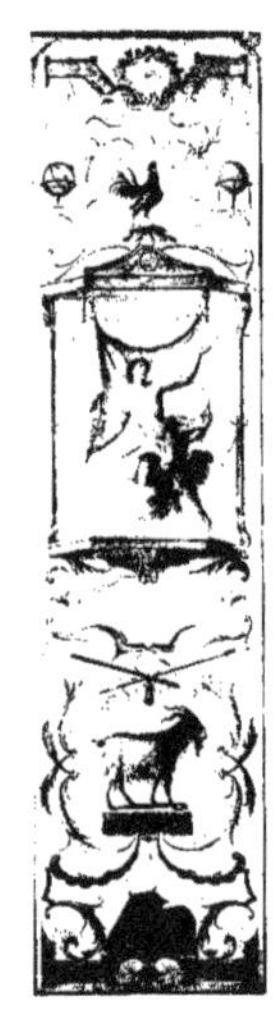

N° 1

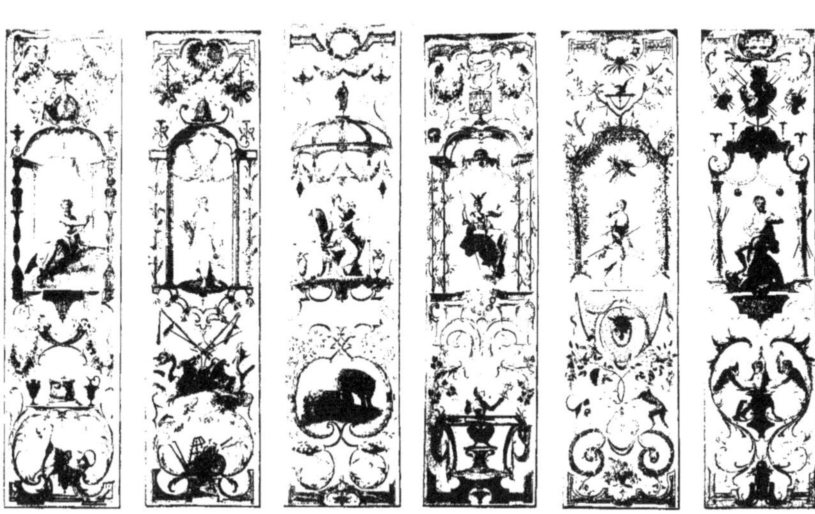

N 1

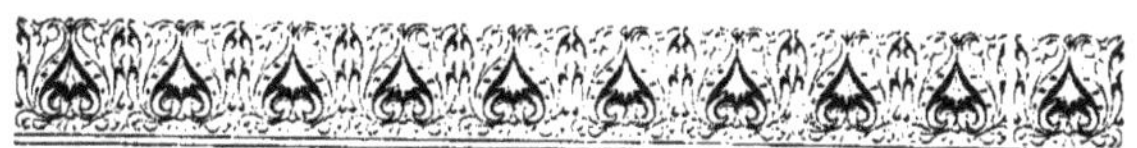

DÉSIGNATION

PEINTURES DÉCORATIVES

ANCIENNES ET MODERNES

AUDRAN (Claude III)

LYON 1658 † PARIS 1734

1 — *Les Mois de l'Année.*

Suite complète de douze compositions allégoriques en arabesques, symbolisant les mois de l'année. La partie centrale de chacun des panneaux est occupée par l'un des douze Dieux ou Déesses de l'Olympe avec ses attributs caractéristiques. Dans la partie supérieure est le signe du zodiaque correspondant; le tout encadré de gracieuses arabesques, agrémentées d'ornements, de fleurs, de fruits, d'oiseaux et d'animaux divers.

Ces douze tableaux ont été exécutés pour servir de modèles à la Manufacture des Gobelins qui en a fait plusieurs séries connues sous la désignation « *Suite des Mois et des Dieux* ».

Mariette s'exprime ainsi, au sujet de Claude Audran : « Claude Audran, *concierge du Palais du Luxembourg*, est regardé, avec justice, comme un des premiers dessinateurs qui aient jamais paru pour les arabesques et les grotesques. Ce sont des compositions d'ornements légers et agréablement distribués, qui étaient en usage chez les anciens et qui ont été renouvelés par le fameux Raphaël. Ils sont devenus fort en vogue; on en orne les lambris et les plafonds, et ils produisent un effet charmant lorsqu'ils sont imaginés avec goût et qu'ils sont exécutés avec autant de soin que tout ce qui l'a été en ce genre par Claude Audran. On en peut juger par plusieurs de ses ouvrages qui sont répandus en différents endroits, particulièrement dans le château de Meudon, dans celui d'Anet, dans la ménagerie de Versailles et dans le château de la Muette, où il a fait des choses dignes d'admiration, plus belles et plus ingénieuses que tout ce qui s'était encore vu jusqu'ici en France dans ce genre singulier.

Hauteur de chaque panneau, 2 m. 60 cent.
Largeur de chaque panneau, 60 cent.

(Ces douze compositions ont été gravées par B. Audran, frère de Claude.)

GEETS (Willam)

2 — *Série de huit panneaux.*

Figurant, par des personnages costumés, les corporations de la ville de Bruxelles : les tapissiers, les brodeurs, arquebusiers, peintres, maçons, orfèvres, arbalétriers et escrimeurs, brasseurs, dans des encadrements de feuillages, écussons et attributs divers. Ces tableaux sont les maquettes originales, ayant servi à l'exécution des tapisseries qui décorent actuellement la grande salle des Fêtes de l'Hôtel de Ville de Bruxelles.

Signé et daté : *W. Geets. 1878 et 1879, Malines.*

MAZEROLLE

3 — *Suite de huit Compositions allégoriques.*

Représentant le *Vin*, la *Pêche*, la *Pâtisserie*, etc. Ces huit tableaux sont les modèles des tapisseries exécutées à la Manufacture des Gobelins pour le salon du glacier du nouvel Opéra.

MAZEROLLE

4 — *Grande Composition allégorique.*

TABLEAUX ANCIENS

FRAGONARD (Attribué à)

5 — *Le Sommeil de l'Amour.*

Toile.

PANNINI (Attribué à)

6-7 — *Ruines antiques avec personnages.*

Deux compositions sur toile.

RUBENS (École de)

8 — *L'Adoration des Mages.*

Toile.

TENIERS (D'après)

9 — *Fête villageoise.*

Toile.

ÉCOLE FRANÇAISE (XVIIIe siècle)

10 — *Le Passage du Gué.*

Toile.

ÉCOLE FRANÇAISE (XVIIIe siècle)

11-12 — *Bergers et Bergères.*

Suite de six petites peintures sur toile, probablement destinées à être reproduites en tapisserie.

ÉCOLE FRANÇAISE (XVIIIe siècle)

13 — *Compositions décoratives.*

Suite de huit peintures sur toile.

ÉCOLE FRANÇAISE

14 — *Vue d'un Parc avec pièce d'eau.*

ÉCOLE HOLLANDAISE (XVIIe siècle)

15 — *Combat naval.*

Cadre ancien, bois sculpté.

RUBENS (D'après)

16 — *Hérodiade.*

Toile.

TABLEAUX MODERNES

BENNER (JEAN)

17 — *Portrait d'Alsacienne.*

Bois.

BRAIT (JEAN)

18 — *Reconnaissance d'officiers.*

Toile.

CALVÈS (G.)

19 — *La Gardeuse de moutons.*

CHASSEVENT

20 — *Compositions allégoriques.*

Deux pendants.
Toile.

EHRMANN (F.)

21 — *Sujets allégoriques.*

Compositions décoratives pour tapisseries.
Toile.

FILLY (J.)

22 — *Pâturage.*

Toile.

GEETS (W.)

23 — *Marguerite de Faust.*

Toile.

GHÉQUIER (A.)

24 — *Fleurs et Fruits.*

Toile.

GHÉQUIER (A.)

25 — *Fleurs et Fruits.*

Toile.

JUNDT (G.)

26 — *Le Retour de la Messe.*

Toile.

ORANGE (Maurice)

27 — *École des Tambours.*

Toile.

SEBRON (H.)

28 — *La Visite de Monseigneur ; intérieur d'église.*

Toile.

TOUSSAINT

29 — *Jeune Femme à son chevalet, peignant.*

Toile.

VETTER (Heg.)

30 — *Portrait de Jeune Femme en costume Louis XIII, dans un intérieur.*

Toile.

VOSS (C.)

31 — *Rose et Panier de fraises.*

Toile.

WEE (Van der)

32 — *Nature morte; fruits.*

Toile.

ÉCOLE MODERNE

33 — *La Marchande de poissons.*

Signé : *M., 1888.*
Toile.

ÉCOLE MODERNE

34 — *Deux Marines.*

Toiles.

ÉCOLE MODERNE

35 — *Intérieur d'église.*
Bois.

ÉCOLE MODERNE

36 — *Vue du Château de Lacken.*

ÉCOLE MODERNE

37 — *Moulins à vent.*
Panneau.

ÉCOLE MODERNE

38 — *La Déclaration.*
Composition ovale de trois personnages.
Toile.

ÉCOLE MODERNE

39 — *Modèle de tapisserie pour siège.*
Toile.

ÉCOLE MODERNE

40 — *Inondation.*
Toile.

ÉCOLE MODERNE

41-42 — Sous ces numéros, plusieurs peintures et aquarelles non cataloguées.

DESSINS ET AQUARELLES

ANCIENS ET MODERNES

ADAN (Eug.)

43 — *Bouquet de roses dans un vase.*

Aquarelle.

CERMAK

44 — *Quatre compositions.*

Aquarelle et gouache.

CHARETTE (F.)

45 — *Bouquet de fleurs.*

Aquarelle.

COUTURE (Thomas)

46 — « *La Soif de l'Or.* »

Dessin à la mine de plomb.

DIETERLÉ

47 — *Vue de Malines.*

Aquarelle.

GALLAIT (Louis)

48 — *Jeune Femme et Enfant.*
Dessin au crayon.

HAGHE

49 — *Intérieur d'église.*
Aquarelle

HAGHE

50 — *Le Confessionnal.*
Aquarelle.

HENRY (Hyp.)

51 — *Bouquets de fleurs.*
Aquarelle et pastel.

HÉROULT

52 — *Aquarelles.*

LEBLANC (Ch.)

53 à 56 — *Suite de quinze aquarelles humoristiques.*

LETEURTRE

57 — *Étang; effet du soir.*
Aquarelle.

MINIATURES SUR VÉLIN

58 — *Six pièces provenant d'un manuscrit.*
Dans un cadre.

SEBRON (H.)

59 — *Vue de Chartres.*
Aquarelle.

SEBRON (H.)

60 — *Intérieur de ferme.*
Aquarelle.

SEBRON (H.)

61 — *L'Orne aux environs de Caen.*
Aquarelle.

SEBRON (H.)

62 — *Château de Berne.*
Aquarelle.

SEBRON (H.)

63 — *Ruines de Balbeck.*

Mine de plomb et gouache.

SEBRON (H.)

64 — *Intérieur de l'église de Burgos.*

Aquarelle.

SEBRON (H.)

65 — *Vue du Palais de Cristal avec ses Jardins, animé de nombreuses figures.*

Aquarelle.

SEBRON (H.)

66 — *Vue de Milan.*

Aquarelle.

SEBRON (H.)

67 — *La Place Saint-Marc à Venise.*

Aquarelle.

SEBRON (H.)

68 — *Petit Canal avec Gondoles à Venise.*

Aquarelle.

SEBRON (H.)

69 — *Intérieur d'église.*

Aquarelle.

SEBRON (H.)

70 — *Aquarelles, Sépias.* (Ce lot sera divisé.)

SEBRON (H.)

71 — Sous ce numéro : quantité de Dessins, Croquis et Aquarelles. (Sera divisé.)

VETTER (HEG.)

72 — *Tête d'Homme.*

Dessin crayon et aquarelle.

ÉCOLE MODERNE

73 — *Compositions décoratives.*

Quatre esquisses à la gouache.

ÉCOLE MODERNE

74 — *Feuilles d'Éventails.*

Deux aquarelles.

GRAVURES, LITHOGRAPHIES

ANCIENNES ET MODERNES

AUBRY

75 — *L'Abus de la Crédulité.*

Gravé par De Launay.

FRAGONARD (H.)

76 — *Le Petit Prédicateur.*

Gravé par De Launay.
Épreuve avant la dédicace.

FRAGONARD (H.)

77 — *L'Éducation fait tout.*

Gravé par De Launay.
Épreuve avant la dédicace.

FRITH

(deux pendants)

78 — *Comming of age in the olden time.*

79 — *An English merry making in the olden time.*

Gravées par Holl.

HAGHE (L.)

80 — *Transept of the great exhibition Building for the principal refreshment court.*

HAWKINS

81 — *Building for the great exhibition in London, 1851.*

Lithographie coloriée.

INGRES (D'après)

82 — *La Mort de Léonard de Vinci.*

Par Richonne.

LE PRINCE

83 — *Le Bonheur du ménage.*

Gravé par De Launay.

LITHOGRAPHIES

84 — Sous ce numéro, plusieurs lithographies, vues de Londres et des environs.

85 — Sous ce numéro, plusieurs lithographies en épreuves avant la lettre.

VERNET (Carle)

86 — *La Mort d'Hippolyte.*

Gravé par Godefroy.

VERNET (Carle)

87 — *Le Retour de la Course.*

Gravé par Godefroy.

GRAVURES ANCIENNES

88 — Sous ce numéro, trois Portefeuilles contenant des Estampes anciennes et modernes. (Le lot sera divisé.)

LIVRES

89 — Environ cinq cents Volumes, dont quelques-uns anciens, parmi lesquels : *L'Illustration, Le Magasin Pittoresque, Le Magasin d'Éducation et de Récréation, Le Musée des Familles, La France illustrée*, et autres publications périodiques, reliées par année.

Ouvrages sur la Littérature, l'Histoire, les Beaux-Arts. Ouvrages du bibliophile Jacob, etc., etc.

Les *Fables de Lafontaine.* Édition in-fol. de 1755-59 (Incomplète d'un vol.).

CÉRAMIQUE, OBJETS VARIÉS

90 — Deux confituriers variés, à deux récipients, avec couvercles et sur plateaux fixes, en ancienne porcelaine de Paris, décor aux barbeaux.

91 — Cafetière et sucrier avec couvercles, deux tasses et deux soucoupes à décor de guirlandes en bleu, en porcelaine.

92 — Deux groupes en ancien biscuit de Locré : paysans faisant de la musique.

93 — Deux petits groupes en biscuit : adolescent et jeune femme.

94 — Deux lampes formées chacune d'une potiche, à décor d'arbustes en bleu, en ancienne faïence de Delft. Montures en bronze.

95 — Deux lampes en ancienne faïence de Nevers, à décor bleu, de style chinois. Montures en bronze.

96 — Groupe en argent : la Vierge portant l'Enfant Jésus.

97 — Statuette en marbre blanc : jeune femme assise, une draperie sur les genoux. Signé : *Frison, 1872.*

98 — Environ quarante-trois mètres de bordures en bois sculpté et peint en gris, à baguettes enrubannées de feuillages. Époque Louis XVI.

99 — Baromètre-thermomètre en bois sculpté et doré, à feuillages. Époque Louis XVI.

PENDULES, BRONZES

100 — Pendule sur socle-applique, décorée au vernis, à fleurs et animaux sur fond vert ; garniture de bronze doré, à motifs de rocailles. Cadran signé : *Festeau, à Paris*. Époque Louis XV.

101 — Cartel en bronze doré, à décor de mufles de lions, vase, têtes de béliers, graines. Cadran signé : *Rably, à Paris*. Époque Louis XVI.

102 — Pendule en marbre blanc et bronze doré, à mouvement surmonté d'un vase et supporté par deux pilastres ; décor de fleurs, feuilles et guirlandes. Cadran signé : *Harel, à Paris*. Époque Louis XVI.

103 — Horloge en bois sculpté, à décor de corbeilles de fleurs. Époque Louis XVI.

104 — Horloge en marqueterie de bois de couleur, à personnages et fleurs. Cadran signé : *Boyon, à Amsterdam*. Elle est surmontée de trois statuettes en bois. XVIIIe siècle.

105 — Pendule en bronze patiné et doré : le char d'Amphitrite. Base en marbre vert de mer. Commencement du XIXe siècle.

106 — Paire de candélabres, à cinq lumières, en bronze patiné et doré, formés chacun d'une statuette de femme drapée debout tenant les lumières. Commencement du XIXe siècle.

107 — Flambeau de bouillotte en bronze doré. Commencement du XIXe siècle.

108 — Lustre en bronze patiné et doré à nombreuses lumières, décor de feuillages. Époque Restauration.

109 — Deux candélabres, à six lumières, en bronze patiné et doré, à tiges formées de trois colonnettes. Époque Restauration.

110 — Pendule ornée d'une statuette de guerrier, en bronze de style antique. Base en marbre portor.

111 — Paire de candélabres, à quatre lumières, en bronze, à tiges cannelées.

112 — Trois paires de candélabres, à six lumières, en cuivre argenté : feuillages et guirlandes. *Maison Christophle.*

SIÈGES ET MEUBLES, PIANOS

113 — Coffre en chêne sculpté, à rosaces. XVIIe siècle.

114 — Petit cabinet, plaqué d'écaille et orné de moulures en bois noir guilloché. Support à pieds tors. XVIIe siècle.

115 — Petit cabinet en marqueterie de bois de couleur, à dessin d'habitations. Support à pieds tors. XVIIe siècle.

116 — Meuble, à hauteur d'appui, en chêne sculpté, à quatre portes et deux tiroirs : sujets bibliques. Flandres, XVIIe siècle.

117 — Meuble, à hauteur d'appui, en chêne sculpté, à quatre portes et deux tiroirs motifs : réguliers et colonnettes torses. Flandres, XVIIe siècle.

118 — Meuble flamand en chêne sculpté, à cinq portes : décor de cariatides d'enfants musiciens, rosaces et vases. XVIIe siècle.

119 — Meuble flamand en chêne sculpté, à cinq portes, à mascarons, cariatides et rinceaux. Année 1639. XVIIe siècle.

120 — Meuble flamand en chêne sculpté, ouvrant à quatre portes, à décor de figures allégoriques, rinceaux et colonnettes engagées. XVIIe siècle.

121 — Meuble en chêne sculpté, à quatre portes et deux tiroirs, décor de rinceaux. XVIIIe siècle.

122 — Armoire normande en chêne sculpté, à médaillons et feuillages. XVIIIe siècle.

123 — Bois de canapé et de six chaises laqués blanc, à décor de coquilles et rinceaux. Époque Régence.

124 — Deux fauteuils en bois sculpté et peint gris, à feuillages et coquilles. Epoque Régence. Couverts en étoffe.

125 — Harpe en bois sculpté, peint et doré : guirlandes et feuilles. Signée : *Renault*. Époque Louis XVI.

126 — Deux glaces, encadrées de baguettes enrubannées et enguirlandées de feuillages, en bois sculpté et peint gris du temps de Louis XVI.

Haut., 2 m. 40 cent.; larg., 1 m. 77 cent.
Haut., 2 m. 80 cent.; larg., 1 m. 69 cent.

127 — Glace dans un cadre en bois sculpté et peint gris, à baguettes, enguirlandées de feuillages ; partie supérieure ornée d'une lyre et de rinceaux. Époque Louis XVI.

Haut., 2 m. 40 cent.; larg., 1 m. 30 cent.

128 — Glace dans un cadre en bois sculpté et peint

gris, à décor de petites baguettes enrubannées. Époque Louis XVI.

Haut., 1 m. 92 cent.; larg., 1 m. 23 cent.

129 — Glace étroite, dans un cadre en bois sculpté et peint gris, avec vases et rinceaux à la partie supérieure. Époque Louis XVI.

130 — Petite commode, à trois tiroirs, en bois de placage, garni de cuivres. Dessus de marbre ranz. Époque Louis XVI.

131 — Meuble, à hauteur d'appui, à quatre tiroirs, en bois de rose garni de bronzes. Dessus de marbre gris. Époque Louis XVI.

132 — Bibliothèque, à deux portes vitrées, en bois de rose. Époque Louis XVI.

133 — Petite commode, à deux tiroirs, en bois de rose. Dessus de marbre gris. Fin de l'époque Louis XV.

134 — Commode, à trois tiroirs et deux portes latérales, en bois de rose. Dessus de marbre gris. Époque Louis XVI.

135 — Console demi-lune, à un tiroir et deux portes dans la ceinture, en marqueterie de bois clair, à fleurs. Tablette de marbre brèche d'Alep. Époque Louis XVI.

136 — Meuble de salon en bois laqué gris, du temps de Louis XVI : canapé et sept fauteuils en deux modèles. Il a été recouvert de velours jaune.

137 — Deux fauteuils, à dossier carré, en bois peint gris, du temps de Louis XVI. Ils ont été recouverts de velours jaune.

138 — Canapé, douze fauteuils et six chaises en bois sculpté et laqué blanc, à fleurettes. Époque Louis XVI. Couverts en partie de cretonne à fond rouge.

139 — Deux fauteuils-marquises en bois sculpté et peint gris, à petites guirlandes. Époque Louis XVI. Couverts en étoffe.

140 — Console en bois sculpté et peint en gris, à rinceaux. Dessus de marbre ranz. Époque Louis XVI.

141 — Petit secrétaire, à abattant et tiroirs, en bois de rose. Dessus de marbre blanc. Époque Louis XVI.

142 — Dessus de porte en bois sculpté et peint en gris : vase de fleurs et rinceaux. Époque Louis XVI.

143 — Dessus de porte en bois et pâte peints en gris : vase de fleurs et rinceaux. Époque Louis XVI.

144 — Deux bibliothèques, du temps de Louis XVI, en marqueterie de bois de couleur, à deux portes pleines surmontées de portes vitrées. Encadrements, appliques à attributs, culs-de-lampe en bronze doré, rapportés en partie.

Haut., 2 m. 63 cent ; larg., 1 m. 40 cent.

145 — Bibliothèque, à deux portes cintrées et un tiroir, en acajou, garnie de cuivre. Dessus de marbre blanc. Époque Louis XVI.

146 — Petite console, à un tiroir, en acajou, garnie de cuivre. Dessus et tablette d'entrejambes en marbre blanc. Époque Louis XVI.

147 — Petit bureau, à cylindre, en acajou, surmonté d'un corps à deux portes munies de glaces. Dessus de marbre blanc. Époque Louis XVI.

148 — Deux consoles, à un tiroir, en acajou, garnies de cuivre. Tablette d'entrejambes et dessus de marbre blanc. Époque Louis XVI.

149 — Chiffonnier, à sept tiroirs, en acajou, garni de cuivre. Dessus de marbre blanc.

150 — Lit en acajou, garni de cuivre.

151 — Commode, à trois tiroirs, en acajou, garnie de cuivre. Dessus de marbre blanc. Époque Louis XVI.

152 — Armoire à glace en acajou, garnie de cuivre.

153 — Petit chiffonnier, à sept tiroirs, en acajou, garni de cuivre. Dessus de marbre blanc.

154 — Bibliothèque en acajou, à deux portes vitrées, garnie de cuivre.

155 — Bureau à cylindre en acajou, garni de cuivre. Dessus de marbre blanc. Époque Louis XVI.

156 — Table, à deux tiroirs, en acajou, garnie de cuivre.

157 — Deux tables de nuit en acajou, en forme de petits bureaux à cylindre. Dessus de marbre blanc.

158 — Table, à un tiroir, en acajou, garnie de cuivre.

159 — Vitrine à deux portes, séparées par un tiroir, en acajou, garnie de cuivre.

160 — Deux encoignures en acajou, garni de cuivre.

161 — Piano droit de Kriegelstein, n° 10018.

162 — Piano droit de Kriegelstein, n° 10101

163 — Guéridon rond, à tiroir, en acajou, garni de cuivre. Dessus de marbre blanc.

164 — Guéridon ovale en acajou, garni de bronze.

165 — Petit écran en bois sculpté avec feuille en ancienne porcelaine de Chine, famille rose.

166 — Grande table-bureau, à trois tiroirs, en acajou, garnie de cuivre.

167 — Dix chaises en bois tourné, couvertes en cuir gaufré et peint.

168 — Meuble de salon en bois doré, couvert en tapisserie moderne de la *Maison Braquenié*, à vases et fleurs sur fond clair, de style Louis XVI, comprenant un canapé, six fauteuils et six chaises.

169 — Meuble de salon en bois noir, couvert en tapisserie moderne, comprenant trois petits canapés, dix fauteuils, six chaises et trois tabourets.

170 — Six fauteuils en bois noir, incrusté d'ivoire, couverts en tapisserie moderne, à personnages sur fond rouge.

171 — Écran en chêne, avec feuille en tapisserie moderne.

TAPISSERIES, TAPIS

172 — Suite de cinq tapisseries flamandes du XVIIe siècle : Histoire d'Achille, d'après *Van Thulden*. Achille trempé dans le styx, l'Éducation d'Achille, Achille armé par Thétis, la Colère d'Achille,

Achille blessé au talon. Larges bordures à cartouches, vases, guirlandes de fruits et amours, sur fond rouge.

173 — Tapisserie moderne, d'après Teniers : paysans attablés, fond de paysages. *Maison Braquenié frères et Ingelmunster.*

174 — Deux panneaux étroits en tapisserie moderne, de la *Maison Braquenié frères :* vues de villes et médaillons.

175 — Dix paires de grands rideaux en tapisserie d'Aubusson, de la *Maison Braquenié frères.*

176 — Sous ce numéro, tapisseries et tapis de la *Maison Braquenié.*

177 — Sous ce numéro, plusieurs tapis d'Orient.

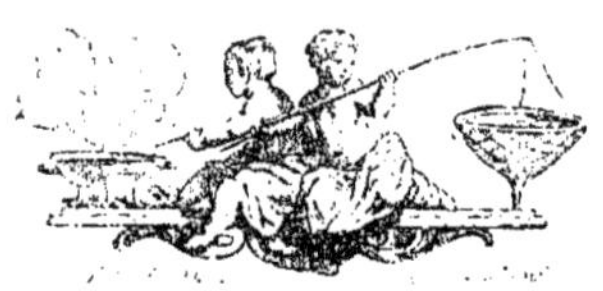

www.ingramcontent.com/pod-product-compliance
Ingram Content Group UK Ltd.
Pitfield, Milton Keynes, MK11 3LW, UK
UKHW022002260726
13994UKWH00004B/1903